FARBTEST

Vielen Dank für die Auswahl dieses Malbuchs.
Ich hoffe du wirst Spaß haben.

Fröhliche Weihnachten

Fröhliche Weihnachten

Fröhliche Weihnachten

Fröhliche *Weihnachten*

Fröhliche Weihnachten

Fröhliche Weihnachten

Fröhliche Weihnachten

HO
HO
HO

Fröhliche Weihnachten

Fröhliche Weihnachten

Fröhliche Weihnachten

Fröhliche Weihnachten

Fröhliche Weihnachten

Fröhliche Weihnachten

Fröhliche Weihnachten

Fröhliche Weihnachten

Fröhliche Weihnachten

Fröhliche Weihnachten

HO
HO

Fröhliche Weihnachten

Fröhliche Weihnachten

HO
HO
HO

Fröhliche Weihnachten

Fröhliche Weihnachten

Fröhliche Weihnachten

Fröhliche

Weihnachten

Fröhliche Weihnachten

Fröhliche Weihnachten

Fröhliche Weihnachten